7

Sören Schnabel

Die Krähe und der Fuchs

Neu erzählt

 tredition

© 2024 Sören Schnabel

Umschlag, Illustration: Autor / KI

Lektorat, Korrektorat: Autor

Druck und Distribution im Auftrag des Autors:

tredition GmbH, Halenreie 40-44, 22359 Hamburg, Deutschland

ISBN 978-3-384-44911-5

Paperback

tredition GmbH

Abteilung "Impressumservice"

Heinz-Beusen-Stieg 5

22926 Ahrensburg

Irren kann auch tierisch sein

Ehrlichkeit schafft Vertrauen

Vorwort

Ein kleiner Leser hat die Geschichte von der Krähe und dem Fuchs so gar nicht gemocht. „Die Krähe ist doch viel schlauer als der Fuchs!", fand er. Also hat er sich eine ganz neue Geschichte ausgedacht. Die habe ich hier aufgeschrieben. Übrigens: Hast du gewusst, dass Krähen genauso intelligent sein sollen wie Schimpansen?

DIE KRÄHE

Es war an einem Spätsommertag.

Eine Krähe kreiste mit lautem „KRRA, KRRA, KRRA, KRRA!" über den Baumwipfeln eines Obstgartens.

Die Sonne tauchte die Früchte in goldenes Licht. Die Äpfel, rot und glänzend, warteten auf die Ernte. Lecker dufteten sie! Auch die Birnen waren schon fast reif. Wie ein dichter Teppich wuchs der Grünkohl mit seinen großen, grünen, krausen Blättern in seinem Beet.

Bunte Blumen tanzten im leichten Wind: Goldgelbe Goldruten, rosa und

weißer Phlox, Ringelblumen, wo man

hinschaute, Lavendel, Löwenmäulchen, Stockmalven, Dahlien. Es waren so viele, ich könnte sie alle gar nicht aufzählen. Die Luft war erfüllt von süßem Honigduft. Ein kleiner Kohlweißling flatterte auf eine zartlila Aster- blüte und saugte gierig den süßen Nektar.

Die Krähe segelte langsam im Kreis, ihre schwarzen Flügel ausgebreitet wie ein Schatten über den bunten Blumenbeeten.

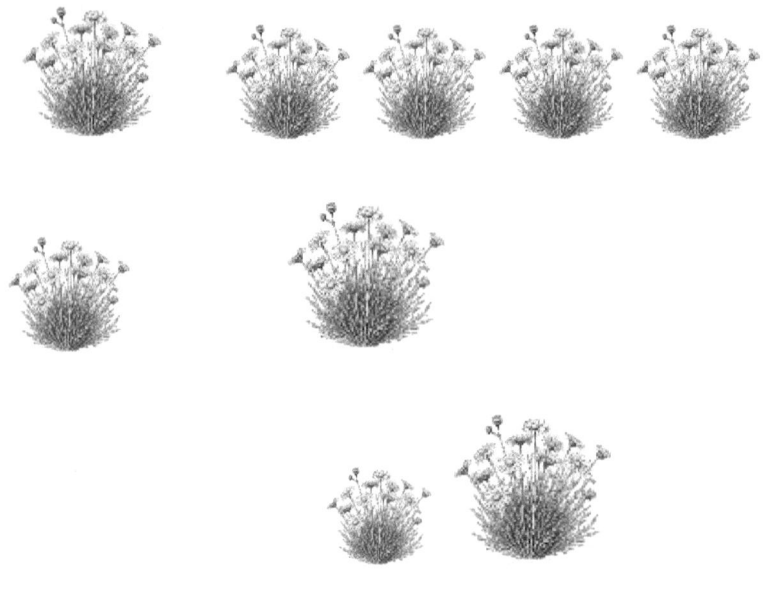

„So schöne Blumen", schwärmte die Krähe, „ich weiß nicht, wo ich zuerst hinsehen soll."

Mit einem letzten kräftigen Flügelschlag bremste sie ab und streckte ihre schwarzen Krallen aus. Mit einem sicheren Sprung landete sie auf dem vermoosten Firstende des alten Backsteinhauses.

Die Krähe ließ ihren Blick über den gepflasterten Küchenhof schweifen: In der Mitte stand ein klappriger Gartentisch mit Klappstühlen, vor dem Rasen die alte rostige Teppichklopfstange mit der quietschenden Schaukel. Daneben breitete sich der verblühte Fliederstrauch aus, an dessen Zweigen die Kinder Futter raushängten. Die Sandkiste war seit dem Frühjahr nicht mehr da, an ihrer Stelle wuchsen jetzt Kräuter in einem Hochbeet.

Dann sah sie das Gerätehaus mit einem neuen Dach.

Mit kräftigen Flügelschlägen katapultierte sie sich in die Luft und plopp landete sie mit

einem schmerzhaften „Aua" auf dem glühen-
den Blechdach.

„Mist, das hatte ich mir anders vorgestellt!"
Sie reckte ihre Flügel aus und versuchte sich
abzukühlen.

„Diese Stille! Herrlich", freute sich die
Krähe und spreizte noch einmal ihre Flügel
aus.

Kein nerviger Rasenmähermotorkrach, kein
Lachen, kein Rufen. Und heute auch kein Geschrei der Kinder:

„Hui, sie ist wieder da! Hallo, Karla! Hallo
Karla Krächze."

Das ärgerte die Krähe jedes Mal. Weder hieß
sie Karla noch Karla Krächze.

Meistens jagten die Kinder ihren bunten Bällen hinterher,

sprangen durchs Gebüsch, spielten Verstecken,

stritten sich um die Schaukel,

und, was ziemlich gemein war, sie versuchten, die Krähe mit dem Strahl ihrer Wasserpistole zu treffen.

Getroffen hatten sie aber nie.

Und heute ... heute war alles anders.

Woher sollte die Krähe auch wissen, dass die großen Sommerferien vorbei waren und die Kinder wieder in die Schule mussten.

Die Krähe freute sich über die Ruhe. Bis auf das Brummen und Summen der Insekten war es ungewöhnlich still im Garten: „Herrlich!"

Sie schloss die Augen und döste vor sich hin.

Aber nicht lange.

Da war doch was!

Ein glänzend-grüner Störenfried mit langen Fühlern krabbelte kritzekratze auf dem Blechdach; er glitzerte in der Sonne: Zack! Mit ihrem scharfen Schnabel hatte die Krähe den Käfer erwischt.

Sie warf den köstlichen Happen in die Luft und fing ihn geschickt wieder auf.

Gerade wollte sie ihn hinunterschlucken, da knarrte es.

„Was war das?"

Das Küchenfenster!

Es war jetzt einen Spalt geöffnet! Der Duft von frisch gebackenem Kuchen strömte durch den Garten.

Die Krähe drehte den Kopf und da war er schon weg, der kleine Käfer.

„Immer muss einer stören", beklagte sie sich. Sie hockte jetzt in einer Blechrinne, schloss die Augen und lauschte dem leisen Rauschen des Windes durch die Bäume.

••

DAS EICHHÖRNCHEN

Plötzlich ein Rascheln im Haselnussstrauch!
Ein flinkes Eichhörnchen mit dunklen
Knopfaugen und einem buschigen Schwanz
huschte durch die Zweige.

„Plomm, plomm, plenk, plink, plank", hallte
es laut. Mit gezielten Würfen prasselten seine
Nüsse auf das Blechdach. Die Krähe breitete
die Flügel aus und krächzte wütend:

„He! Was soll das? Ruhe! Hör sofort damit
auf! Verschwinde, ich will mich hier ausru-
hen!"

Das Eichhörnchen hielt kurz inne. Es plusterte seinen buschigen Schwanz auf und
keifte:

„Wer erteilt mir Befehle? Du etwa? Hör mal
gut zu, Krähe:

Das ist mein Baum, mein Blechdach und mein Garten! Und das sind meine Nüsse! Hau ab!"

Das Eichhörnchen musterte die Krähe und starrte sie mit großen, funkelnden Augen an, um sie einzuschüchtern.

Die Krähe flog aber nicht davon, blieb einfach dort sitzen, wo sie sich zur Pause niedergelassen hatte. Sie plusterte ihr Gefieder auf und warf den Kopf hoch, als wollte sie sagen:

„Seht her, wer hier der Herr im Haus ist!"

In Wahrheit war sie ganz aufgeregt und hoffte, dass das Eichhörnchen jetzt endlich aufgeben würde. Verächtlich wandte sich die Krähe ab.

„Ach egal, bleib da, wo du bist und wie du willst, aber hör auf zu krächzen. Du bist hier nur ein Gast. Im Übrigen heiße ich Paul, so nennen mich die Kinder, die für mich jeden Tag Futter in den Fliederbusch raushängen", sagte es. Das Eichhörnchen sauste wieder durch den Baum und erntete fleißig weiter. „Plomm, plomm, plenk, plink, plankplank."

● ●

DIE ELSTER

In einer nahen Fichte tummelte sich eine
Elster; von Ast zu Ast war sie auf der Suche
nach fetten Raupen und Spinnnetzen.

Von dem Treiben der Zankköpfe angelockt,
flog sie neugierig herbei, ließ sich auf dem
Blechdach nieder und stolzierte hin und her.

Sie hüpfte durch die Regenrinne des Schuppens und spielte mit Blättern, immer die

Augen auf die Streithähne gerichtet. So ein Schauspiel gab es schließlich nicht jeden Tag. Und das durfte die neugierige Elster sich nicht entgehen lassen.

Die Krähe beobachtete, dass hinter dem Küchenfenster der Tisch mit Tellern gedeckt wurde.

Mit einem verächtlichen Schnabelschnipsen und einem Geschnatter ließ sie sich nicht länger vom Eichhörnchen ärgern, und schenkte auch der Elster, die nun eifrig um die Krähe herumhüpfte, keine Aufmerksamkeit.

Und die kleine schwarzbraune Spitzmaus?
Sie flitzte furchtlos durchs hohe Gras, ent-
lang der hölzernen Wand des Geräteschup-
pens und verschwand ebenso schnell in einem Erdloch.

DAS FESTMAHL

Das Küchenfenster klappte auf. Beide Flügel standen jetzt weit offen.

Ein verführerischer Duft von frisch gebackenem Brot, Braten und Kräutern zog durch den Garten.

Mit einem schnellen Flügelschlag erhob sich die Krähe in die warme, duftende Sommerluft.

Nur Augenblicke später tauchte sie wieder auf und balancierte auf der alten Teppichklopfstange mit der Schaukel.

Dann flatterte sie auf die quietschende Schaukel. Ihre kleinen Augen fixierten etwas in der Küche.

"**VOLLTREFFER**", krächzte die Krähe,

"niemand da! Ein **GOURMET-MENÜ** nur für mich.

Das ist mein Glückstag! Darauf habe ich schon lange gewartet."

Nach wenigen Flügelschlägen landete sie mit einem sanften Plopp auf dem Küchentisch und stolzierte über das glatte Holz. Mit gierigen Augen musterte die Krähe das Buffet. Sie kostete vom Braten,

wackelte über das Brot,

pickte sich die Rosinen aus dem Kuchen,

zerzauste die duftenden Kräuter,

stach Löcher in die Butter.

Mit ihren Füßen blieb sie auf dem flachen
Teller mit dem Kräuterquark hängen, zog sie
raus und dekorierte den Tisch mit weißen
Krähenfüßen.

Selbst die süßen Blaubeeren und die cremige
Sahne verschmähte sie nicht. Ein Festmahl
für eine Krähe!

"Man soll nie so eine günstige Gelegenheit verpassen", murmelte die Krähe vor sich hin.

Doch kaum hatte sie diesen Gedanken gefasst, hörte sie Schritte und Kinderlachen vom Flur.

Schnell schluckte sie noch einen Bissen vom Braten hinunter und schnappte sich von einem Teller einen guten Happen, den sie sich für später sichern wollte.

Sie breitete ihre Flügel weit aus und schwirrte aus der Küche, denn schon öffnete sich die Küchentür.

Die Krähe überquerte die rostige Teppichklopfstange mit der quietschenden Schaukel

und gewann an Höhe. Der warme Sommer-
wind trug sie zu ihrer geliebten Kastanie, die
dort stand, wo Wald und Wiese sich begeg-
neten.

Jetzt im Spätsommer kam die Krähe Tag für Tag zurück, um die Kastanie zu besuchen. Noch trug der Baum sein volles Blätterkleid. Die prallen Kapseln waren bereits auf den Boden gefallen und geplatzt. Das Gras war übersät mit stacheligen Hüllen und braunen Kugeln.

Hoch oben am Stamm, inmitten der Schatten mächtiger Äste, die sich gen Himmel reckten, legte die Krähe behutsam ihr Mitbringsel in eine weiche, moosbewachsene Mulde. Dann hüpfte sie auf ihren Lieblingsplatz, die Spitze des breitesten Astes, ließ sich dort nieder und schaukelte genüsslich hin und her.

DER FUCHS

„Wunderschöne Krähe", erklang es plötzlich.

Ein Fuchs mit orangerotem Fell hockte unter dem Baum und starrte mit seinen braunen Augen nach oben.

Die Krähe hatte ihn gar nicht bemerkt. Sie war so in ihren Gedanken versunken. So ein Pech! Obwohl Krähen super gute Augen haben, hatte sie den Rotpelz einfach nicht gesehen. Genervt krächzte sie „KRRA, KRRA, KRRA."

Sie spreizte ärgerlich die Flügel aus und starrte den Fuchs böse an.

"Hättest du mich fast übersehen, was?",
neckte er sie.

Sie hatte ihn tatsächlich nicht bemerkt. Für
eine Krähe mit ihren scharfen Augen war das
schon fast eine Beleidigung.

„Du schönste Krähe unter der Sonne, ich
wette, du singst wie eine Nachtigall", flötete
der Fuchs mit zarter Stimme.

"Lass mich in Ruhe, Fuchs! Verschwinde!"
Die Krähe war aufgebracht.

„Warum sollte ich dich, klügste Krähe unter
der Sonne jetzt gerade verlassen? Zeig mir
doch lieber dein Stück Käse!"

„Ein Stück Käse? Fuchs, sag, was ist mit dir?
Die Sonne war heute zwar heiß, aber nicht so

heiß, dass du davon einen Sonnenstich hättest bekommen können.

Ich habe keinen Käse. Und nun geh!"

Der Fuchs grinste frech und blieb sitzen.

„Deinen zarten Gesang, lass mich doch mal hören!"

„Du meinst wohl, ich soll hinunterkommen und dir einen Käse überlassen, obwohl ich gar keinen Käse habe", schnatterte sie spöttisch.

Der Fuchs grinste verschlagen.

„Doch! Du **hast** ein Stück Käse, und wenn mich meine Nase nicht täuscht, ist es ein leckeres Stück Parmesan aus Rohmilch."

Die Krähe war irritiert. Sie hüpfte zur Mulde und rieb verwundert ihren Schnabel an der Schale. Statt einem dicken Happen köstlichen Bratens starrte sie auf ein Stück Käse, ein Stück glänzender Parmesan. Sie krächzte verärgert und trat mit dem Fuß gegen die Schale. Nur ein Käse? Sie hatte sich doch einen Braten mitgebracht! Tatsächlich, der Fuchs hatte eine gute Nase. Sie hatte in der Eile in der Küche den Käse erwischt. Dabei gehört Käse nicht gerade zu den Leibspeisen der Krähen. Sie schnäbelte verächtlich.

„Mist! Wie dumm von mir.“

Sie trug den Käse auf den Ast.

„Fuchs, du hast Recht. Ich habe mich nur vergriffen. Kann ja mal passieren. Den Käse bewahre ich mir für später auf.

Ich hatte gestern Abend mit meinen Kameraden ein Festmahl und heute Mittag einen köstlichen Nachtisch mit Braten, Butter, Sahne und Beeren. Ich bin noch zu satt."

"Das ist doch gar nichts," fing der Fuchs an zu prahlen, "vor zwei Nächten habe ich zehn Hühner vom Bauern gestohlen. Ich habe den ganzen Tag lang geschlemmt. Mein Bauch war so dick, der wäre beinahe geplatzt. Einen ganzen Tag lang konnte ich mich nicht bewegen." „Nun, dann kannst du jetzt ja gehen", schlug die Krähe vor, „ich bin satt, du bist satt. Tschüss, Fuchs! Viel Spaß beim Weiterziehen! Ganz ehrlich, Füchse sind nicht so mein Ding."

Der Fuchs blieb jedoch sitzen, als ob er das, was die Krähe soeben gesagt hatte, überhört hätte und mit einem Lächeln in seiner heiseren Stimme, schwatzte er munter weiter, voll des Lobes für die Krähe:

„Wunderschöne Krähe! Dein Gefieder glänzt wie schwarzes Ebenholz. Ich möchte dich singen hören!"

Sie schrie und flatterte, sie drohte und fauchte, aber der Fuchs blieb einfach sitzen.

Er machte es sich gemütlich im Schatten und zwinkerte ihr zu, grinste frech und auch seine Schmeicheleien hörten nicht auf.

„Mir platzt der Kragen", keifte die Krähe.

Doch der Fuchs antwortete ganz keck: „Du bist ja neidisch, weil du nur einen kleinen Käse hast und ich einen ganzen Hühnerstall leergeräumt habe!"

„Bist du nicht einer der kleinen Racker aus dem Wurf vom Frühjahr", fragte die Krähe, „bist du jetzt auf Wanderschaft?"

Der Fuchs nickte.

„Du Jungfuchs glaubst doch nicht wirklich, dass dir zehn Hühner in die Falle gegangen sind!"

„Zugegeben, es waren nur fünf kleine Hühnchen, und wie lecker die waren!"

„Fünf Hühnchen", fragte die Krähe, „das ist ja schon mal die Hälfte. Ist das dein letztes Wort?"

„Ich schwöre", sagte der Fuchs, „so wahr ich der Sohn von Reineke Fuchsschweif bin."

„Oho, der Sohn von Reineke Fuchsschweif! Deinen Vater kenne ich genau.

Vor zwei Jahren, ich weiß es noch genau, da saß er wie du hier unterm Baum. Er flötete mit süßer Zunge und wollte mich zum Singen bringen. Ich hatte mir ein Stück Braten stibitzt und das wollte er mir ablocken.

‚Schönste Krähe unterm Himmel, du singst wie eine Nachtigall‘, säuselte er.

Er dachte wirklich, er könnte mich hereinlegen. Ich schüttelte nur den Kopf.

‚Die schönste Krähe weit und breit, du hast eine so wunderbare Stimme!‘, schnurrte er.

Aber ich wusste ganz genau, dass er mich nur auslachen wollte. Singen wie eine Nachtigall?

Das kann doch keine Krähe! Als er endlich weg war, habe ich mir den leckeren Braten ganz alleine gegönnt. Dein Vater ist ein großer Angeber. Das sage ich dir, der ist genauso verlogen wie du. Fing er mal ein Huhn, erzählte er überall, es wären zehn gewesen.

Und du Klein Reineke trittst genau in seine ausgelatschten Fußstapfen. Willst du die Wahrheit hören?"

Der Fuchs grinste nicht mehr, senkte ein wenig seinen Kopf und nickte.

Die Krähe hüpfte ans Ende des Astes und plusterte ihr Gefieder auf, um größer zu sein.

„Hör gut zu, du Tunichtgut, die Wahrheit ist, du hast kein einziges Huhn gefangen. Die

Hühner sind putzmunter, keine einzige Feder hast du ihnen ausgerissen.

Es war um Mitternacht. Ich saß in der Riesentanne neben dem Hühnerstall. Ich schlief den verdienten Schlaf einer Krähe.

Plötzlich ein Gackern und Gurren und Kikeriki. Fast wäre ich vor Schrecken aus der Tanne gepurzelt.

Wer schlich aus dem Gebüsch mit gierigem Blick? Klein Angeberlein, ja du, der mir hier die Zeit stiehlt.

Hör mir gut zu! Die Hühner gackerten so laut und der Hahn schrie, dass der Bauer aus dem Haus stürzte und flugs stand er vorm Stall. Als er sah, dass der Stall und der Auslauf gut verschlossen waren und kein einziges Huhn fehlte, trottete er zurück ins Haus. Und du Lügner hast dich hungrig weggeschlichen.

Ja, ja, so genau war es. Ich habe alles gesehen.

Lass das Lügen! Ich glaube dir kein Wort. Du bist viel zu dumm, um ein Huhn zu fangen. Und mit deiner Geschichte über die singende Krähe versuchst du nur, mir meinen Käse abzuluchsen.

Mit diesem Schmarren ist mir dein Vater schon gekommen. Euch Füchsen fällt immer nur wieder diese alte Klamotte ein."

Der Fuchs senkte seinen Kopf noch tiefer und seufzte: „Du hast ja recht, Krähe. Diese Geschichte mit dem Käse ist wirklich doof. Aber ich habe seit Tagen nichts gefangen, mein Bauch ist so leer, da passen zehn Hühner rein.

Die Mäuse sind mir entwischt,

  die Ratten haben mich gebissen,

   der Maulwurf war blitzeschnell

    in seinem engen Gang

     verschwunden,

      die Kaninchen waren

      schneller als ich,

und die Beeren, die ich fand, waren nur eine Pfote voll.

Wovon sollte ich satt sein?

Und Vogeleier gibt es jetzt auch nicht mehr."

Der Fuchs fing an zu heulen
und hörte nicht wieder auf.

DIE KRÄHE UND
DER FUCHS

Die Krähe starrte das Häufchen Elend an. Seine Rippen stachen unter dem Fell hervor. Sie bekam Mitleid.

Sie blickte herab auf den kleinen Fuchs und erinnerte sich noch gut an ihr letztes üppiges Mahl.

Mit ihren Kameraden hatte sie sich einen plattgefahrenen Hasen auf der Landstraße schmecken lassen. Das Festmahl war ein wahrer Genuss gewesen.

Die Bissen, die sie heute in der Küche aufgepickt hatte, waren auch schmackhaft.

Ihren Käse mochte sie ohnehin nicht. Sie nahm das Stück Parmesan und warf es hinunter zum Fuchs.

„Da, friss!"

Begierig sprang er auf und verschlang hastig den Käse.

„Nun kannst du ja gehen", empfahl die Krähe. Doch der Fuchs blieb sitzen und rührte sich nicht.

„Liebe Krähe, ..." –

„Nun fang nicht schon wieder an", unterbrach ihn die Krähe ärgerlich.

„Liebe Krähe, ich werde vor Durst vergehen, wenn ich nicht bald etwas zu trinken finde.

Jetzt bin ich satt, aber der Käse macht, dass mein Durst unerträglich geworden ist."

„Warum sollte ich dir helfen, du bist doch ein schlauer Fuchs."

„Ich sage dir die Wahrheit. Das ist wirklich die Wahrheit. Ich habe schon seit Tagen nichts getrunken. Alles ist trocken. Der Tau

heute Morgen hat meinen Durst nicht ge-
löscht. Meine Zunge klebt schon fest.

Weißt du nicht, wo ich Wasser finde, und
wenn es nur ein paar Tropfen sind?"

Die Krähe breitete ihre Schwingen aus und
flatterte ein wenig.

„Folge mir!" befahl sie dem Fuchs.

„Ich kann nicht fliegen", gab der Fuchs zu be-
denken.

"Was, du kannst nicht fliegen?" schrie die Krähe und schlug mit ihren Flügeln, dass die Federn nur so flogen. "Du kannst nicht fliegen? Ha! Ein Fuchs, der nicht fliegen kann! Das ist ja wohl der größte Witz, den ich je gehört habe!"

Sie begann zu schnattern und zu krähen und hörte nicht wieder auf. Der Fuchs schaute sie mit großen Augen an. Endlich beruhigte sich die Krähe und setzte sich auf einen Ast; sie beobachtete den Fuchs mit einem schelmischen Blick. "War das lustig!"

Der Fuchs fand es gar nicht lustig. Er hatte einen entsetzlichen Durst und sehnte sich nach Wasser.

„Stell dir vor, Fuchs, ich könnte nicht fliegen! Das wäre ja schrecklich!", rief sie aus. "Ich könnte vom Himmel nicht mehr die Welt überblicken."

Der Fuchs seufzte. „Ich wünschte, ich könnte auch fliegen", sagte er traurig, aber ich bin dafür zu schwer. Ich habe Durst!"

Die Krähe überlegte einen Moment.

„Oh, du kleines Füchslein, beinahe hätte ich vergessen, was ich sagen wollte. Ich fliege und du läufst. Das ist doch logisch! Schau immer nach oben, wo ich bin, ich fliege dir nicht weg. Ich werde auf dich aufpassen."

„Wohin willst du?", fragte der Fuchs.

„Wohin? Was fragst du noch? Zur Quelle! Wohin sonst? Du hast doch Durst! Los!", drängte die Krähe.

Und der Fuchs, ermattet wie er war, erhob sich und folgte der Krähe, die hoch über ihm am Himmel schwebte und ihm den Weg zeigte.

Er lief durch den kühlen, hohen Tannenwald. Er quälte sich über ein Roggenfeld. Die Halme schnitten ihm in seine Beine.

Mit jedem Schritt wurde er müder, doch die Vorstellung vom kühlen Wasser trieb ihn weiter.

Er folgte den Trampelpfaden der Wildschweine durch ein hohes Maisfeld,

er mühte sich über ein Haferfeld,

er lief am langen Weidenknick vorbei, schaute immer, ob die Krähe noch am Himmel war, er ächzte den Hügel hinauf, er zwängte sich durch das dichte Gebüsch hindurch bis zur anderen Seite des Hügels.

Die Krähe landete dort, wo die großen Steine lagen. Zwischen den Felsbrocken entsprang eine Quelle. Der Fuchs strahlte vor Freude und trank.

DIE FABEL

"Der Fuchs und die Krähe"

ist eine der bekanntesten Fabeln und wird **Aesop** zugeschrieben, einem griechischen Fabeldichter, der vermutlich im 6. Jahrhundert v. Chr. lebte.

In der Fabel findet ein Fuchs eine Krähe, die mit einem Stück Käse im Schnabel auf einem Baum sitzt. Der Fuchs schmeichelt der Krähe so lange, bis diese vor Stolz ihren Schnabel öffnet und den Käse fallen lässt, den der Fuchs dann genüsslich verspeist.

Die Fabel *Der Fuchs und die Krähe* wurde im Laufe der Jahrhunderte von vielen Dichtern und Erzählern aufgegriffen und in verschiedenen Sprachen und Variationen wiedergegeben.

Jean de La Fontaine

ist einer der bekanntesten Autoren, der diese Fabel in seiner Sammlung von Fabeln in Versform neu erzählt hat. Seine französische Fassung ist besonders elegant und wird oft als literarisches Meisterwerk angesehen. (Quelle: Gemini KI, Text verändert)

DER AUTOR

Sören Schnabel ist ein Kind der Natur. Aufgewachsen mit zwei älteren Geschwistern in der Weite

Dithmarschens, fand er als Kind unerschöpfliche Inspiration für die Musik und Geschichten.

Das Geschrei der Fasanen im Garten, die Rufe des Kuckucks im Frühjahr – alles wurde für ihn zu einer kleinen Erzählung. Die Kiebitze, die auf Wiesen brüteten, die Besuche der Graureiher, die aus dem kleinen Gartenteich die Fische fingen, Möwen am Himmel, das Rauschen des Windes in den Bäumen und beim Segeln die Kraft der Wellen – all das inspirierte ihn zu seinen Geschichten.

Seine Liebe zur Musik, die er während seines Trompetenstudiums in Hamburg vertiefte, verlieh den Worten in seinem Roman *Mirabelle* (2016) einen besonderen Rhythmus.

In seiner Neuerzählung der Fabel *Die Krähe und der Fuchs* lädt er junge Leser ein, diese Fabel auf eine ganz besondere Weise zu erleben. Sein feines Gespür für Sprache machen seine Erzählung zu einem Genuss für alle Sinne. Mit seiner Fähigkeit, die Perspektive verschiedener Tiere einzunehmen, schafft er eine lebendige Erzählwelt, die sowohl Kinder als auch Erwachsene begeistert.

Die Bilder wurden mithilfe einer KI erstellt und vom Autor bearbeitet.

FSC
www.fsc.org
MIX
Papier | Fördert
gute Waldnutzung
FSC® C083411

Zeitfracht Medien GmbH
Ferdinand-Jühlke-Straße 7
99095 Erfurt, Deutschland
produktsicherheit@kolibri360.de